AF277275

Todos los libros de Linkgua Ediciones cuentan con modelos de Inteligencia Artificial entrenados por hispanistas. Pregúntale al chat de tu libro lo que desees acerca de la obra o su autor/a.

Para ebooks: Accede a nuestro modelo de IA a través de un enlace.

Para libros impresos: Escanea el código QR de la portada con tu dispositivo móvil.

Obtén análisis detallados de nuestros libros, resúmenes, respuestas a tus preguntas y accede a nuestras ediciones críticas generativas para una experiencia de lectura más enriquecedora.
La transparencia y el respeto hacia la autoría de las fuentes utilizadas son distintivos básicos de nuestro proyecto. Por ello, las respuestas ofrecen, mediante un sistema de citas, las fuentes con las que han sido elaboradas.

Félix Tanco y Bosmeniel

Petrona y Rosalía

Barcelona 2025
Linkgua-ediciones.com

Créditos

Título original: Petrona y Rosalía.

© 2025, Red ediciones S.L.

e-mail: info@linkgua.com

Diseño de cubierta: Michel Mallard.

ISBN rústica ilustrada: 978-84-1126-805-9.
ISBN ebook: 978-84-9953-372-8.

Sumario

Brevísima presentación

La vida

Félix Tanco y Bosmeniel (Bogotá, 1797-Long Island, Estados Unidos, 1871).

Muy joven se trasladó con su familia a Cuba. Amigo de Domingo del Monte desde 1819, asistió a sus tertulias, mantuvo con éste una extensa correspondencia y polemizó con distinguidas figuras cubanas de su tiempo. En 1844 fue encarcelado por abolicionista.

Félix Tanco y Bosmeniel colaboró en el *El Iris*, en *El Plantel*, la *Revista de La Habana*, *La Aurora de Matanzas*, *El Amigo del Pueblo*, y *Brisas de Cuba*, entre otras revistas. Algunos de sus poemas fueron incluidos por Ignacio Herrera Dávila en el libro *Rimas americanas* (1833).

En 1838 terminó su breve novela *Petrona y Rosalía* de tema antiesclavista. Desde ese mismo año circuló manuscrita y no fue publicada hasta 1925 en la revista *Cuba Contemporánea*. Esta obra formaba parte de una serie de novelas titulada *Escenas de la vida privada en la Isla de Cuba*.

En 1869 Félix Tanco y Bosmeniel se trasladó a Nueva York donde murió unos años más tarde.

I

¿Han puesto la berlina? Pues me voy.
Hice ya tres visitas. A comer.
Traigan barajas. Ya jugué. Perdí.
Pongan el tiro. Al campo; y a comer.
Ya doña Eulalia esperará por mí.
Dio la una. A cenar y a recoger.
¿Y éste es un racional? Dicen que sí.

Iriarte

Arrellanados estaban en dos poltronas y en un espacioso comedor de su propia casa el señor don Antonio Malpica y Lozano y su señora doña Concepción Sandoval Buendía, regalándose ambos con la fresca brisa que en los meses abrasadores de la canícula suele levantarse a velar entre diez y once de la noche, para consuelo de los que vivimos en Cuba sudando y jadeando con los calores de la estación.

Eran estos dos personajes de familia noble y rica de La Habana, aunque, respecto de lo primero, se hablaba de sus mayores como de gente advenediza que había pertenecido al vulgo de España y no a ninguna casa solariega. Pero sea de esto lo que fuere, nosotros los dejaremos o los tendremos en el concepto de los más rancios linajudos de la monarquía, importando muy poco o nada a nuestra historia que pertenezcan a tal o cual categoría de la sociedad.

—¿Sabes —dijo doña Concepción a su marido hablando de cosas domésticas—, que la negra Petrona, si no está embarazada, lo sospecho mucho?

—Puede ser que lo esté —contestó don Antonio bostezando.

—Hombre, admiro tu frescura.

—Pero qué le hemos de hacer, Conchita: si está embarazada, como tú sospechas, quiere decir que parirá; que tendremos un esclavo más o un esclavo menos, o tendremos paciencia.

—¿Y qué, tú te figuras que yo tolere semejante desvergüenza de la negra?

—Yo no digo que la toleres; lo que digo es que qué remedio.

—¿Qué remedio? Mandarla en el acto a Santa Lucía y recomendársela al mayoral para que le ajuste las cuentas, y que para allá en un bohío.

—Pero hija, considera que hace catorce años que nos sirve esta negra con la mayor formalidad y que, la pobre, la única tacha que ha descubierto ahora es la de ser enamorada.

—Pues, hijo, que se vaya al ingenio, que allí tiene bastantes negros galanes que la enamoren. En mi casa no pare: desde ahora te lo digo para que luego no tengamos tragedias. Yo no puedo permitir escándalos en mi casa, de esta clase: tenemos un hijo que no es ya niño de pecho y no es regular que vea estas indecencias.

—Pero mujer, no te acalores, con mandar la negra al ingenio está el cuento concluido.

—Mandarla, y que le den un bocabajo.

—Bien, se le dará el bocabajo, ¿y qué otra cosa?

—Nada más. Vaya una negra sinvergüenza. ¿Y quién será el amartelado que le ha hecho la buena obra?

—El demonio, ¿quién se mete en estas averiguaciones?

Al llegar aquí, dieron las once de la noche y levantándose los dos esposos en sana paz, y conformes en lo que había de hacerse con Petrona, se recogieron en su aposento.

Corridos cuatro meses ya, se conoció distintamente el embarazo de la esclava y que la señora doña Concepción no se había equivocado en sus malicias. Firme en el propósito de mandarla a Santa Lucía, se lo dijo a su marido en sazón de estar en la casa el arriero del ingenio con tres mulos, que debía retornar a las seis de la mañana siguiente. Don Antonio oyó a su mujer con calma y le contestó de conformidad; pero le dijo que se le dispensaría a Petrona el bocabajo, pues harta pena iba a sufrir con meter caña en el trapiche y aguantar los cuerazos del mayoral.

—De ningún modo —contestó doña Concepción—; si no se le castiga la desvergüenza con un buen fondo, mañana volveremos a las andadas.

—Agustín, Agustín —gritó a este tiempo don Antonio, y era al arriero a quien llamaba, el cual se presentó en el instante con el sombrero en la mano.

—Mira, en uno de los mulos ha de ir Petrona para el ingenio; pídele su ropa, y ponla dentro del mismo serón donde va ella.

Agustín se retiró a cumplir las órdenes de su amo y habiendo dicho a Petrona que se alistase para marchar a Santa Lucía, la infeliz tembló de pies a cabeza como tina azogada y corrió a la presencia de don Antonio a suplicarle, puesta de rodillas y con los ojos llenos de lágrimas, que no la mandase al ingenio, preguntándole al mismo tiempo con sorpresa cuál era su delito para separarla del servicio de la casa.

—Levántate —le contestó don Antonio— y pregúntaselo a la señora.

Doña Concepción, que estaba presente, le dijo:

—Grandísima perra, ¿y esa barriga no te parece bastante delito para desollarte?

—Mi ama —contestó Petrona—, perdóneme su merced.

—¿Que te perdone? ¡Estás fresca! Allá en el ingenio te lo dirá de misas el señor Pantaleón. Lárgate, lárgate y recoge tus trapos.

—Mi amo —dijo la esclava, dirigiéndose a don Antonio—; sírvame su merced de padrino, por el niño Fernandito, por lo que su merced más quiera en este mundo, que no me manden al ingenio.

—No puede ser, la señora lo ha dispuesto así; y es preciso que obedezcas.

—¿Y su merced lo consiente?

—Y qué he de hacer si la señora lo manda.

—Pues deme su merced papel para buscar amo.

—Otro papel será el que yo te daré, grandísima cachorra —le dijo doña Concepción—, para que el mayoral de Santa Lucía te ponga como mereces. Lárgate, lárgate, ya te lo he dicho.

La negra no tuvo otro remedio que callar y obedecer y resignarse a marchar al terrible ingenio donde la aguardaban los trabajos, el suplicio y la muerte.

Al siguiente día montó en el mulo que le estaba preparado, y salió a su camino llorando sin consuelo y llena de mil tristes ideas sobre su condición, y pensando sobre todo en el trapiche, en el látigo y en el mayoral que la esperaba.

Luego que llegaron al ingenio, el arriero Agustín sacó de su cartera de hoja de lata colgada al cuello una carta de don Antonio para el señor Pantaleón, y se la entregó.

En esta carta le decía, entre otras cosas, que le remitía a la negra Petrona para que trabajase como las demás esclavas en las faenas del campo, omitiendo lo del bocabajo por no creerlo en su conciencia de rigurosa justicia. Mas como la señora hubiese sospechado esta omisión voluntaria de su marido, le puso por su parte una cartica al mayoral, diciéndole que le cortase a Petrona los moños, le pusiese un camisón de rusia, y le diese cincuenta azotes.

Dicho y hecho. La orden se cumplió al pie de la letra y no hay para qué decir lo que sufriría la esclava al recibir los cincuenta en una sesión, según el vocabulario de amos y mayorales, hallándose en meses tan adelantados de su embarazo.

La natural fortaleza de Petrona, como la de todos los de su raza, la hizo triunfar de los trabajos y malos tratamientos que experimentó en tres meses, al cabo de los cuales dio a luz una niña, una niña no, sino una mulatica, que se le puso por nombre Rosalía.

El señor Pantaleón comunicó esta novedad a don Antonio, como si le comunicara el parto de una vaca o de una puerca madre, pues de todos modos era un aumento en la hacienda del amo. A la hora de almorzar dijo don Antonio a su mujer:

—¿Sabes que Petrona ha parido?

—¿Y qué fue ello?

—Una mulata.

—¿Qué tal? ¿Ves ahora si esa negra es sinvergüenza?

—Pero hija, yo creo que el sinvergüenza es el que la enamoró y la sedujo.

—Él también; pero ella más, porque al fin una negra no debe meterse con los hombres blancos.

—Pero si no son las negras las que se meten con los hombres blancos, sino los hombres blancos con las negras.

—¿Y quién será el que ha tenido estómago para prenderse de Petrona?

—El demonio, cualquier bodeguero o mozo de tienda, cualesquiera de los mil menesterosos que hay entre nosotros, o de los mil aficionados al colorcito africano.

Este diálogo lo escuchaba el niño Fernandito, de edad de diez años cumplidos, el cual no pudo menos de preguntar a su madre si Petrona se había casado con algún hombre blanco.

—No, niño —le contestó doña Concepción—. Hablamos tu padre y yo de otras cosas que tú no comprendes; ya te he dicho que en la mesa los niños se están callados y no se meten en la conversación de los mayores.

—Pues yo quiero hablar; que para eso tengo mi lengua — repuso el niño—. ¿No hablas tú?

—Fernandito, ¿qué palabras son esas, niño? —le dijo doña Concepción algo seria.

—Pues bueno, yo quiero hablar —insistió el muchacho, aparentando afligirse por la reconvención de la madre.

—Vamos —le dijo don Antonio—, habla cuanto quieras con tal que no llores.

Por mucho tiempo no se volvió a tratar más de la materia que era de suyo de ninguna importancia; es decir, de la infeliz negra Petrona que vivía en el ingenio Santa Lucía cortando caña y pasando trabajos y miserias con una hija mulata.

En lo que sí se ocupaban o pensaban a lo menos don Antonio y doña Concepción, era en la educación de su hijo; pero en una educación a su manera, según la comprendían y la querían ellos para un heredero de su nombre. Hasta la edad de doce años nada se le había enseñado en su casa que fuera de provecho, porque, decía don Antonio y con razón, que cuando fuese al colegio lo aprendería todo y lo aprendería bien. De esta suerte el niño Fernando no conoció educación doméstica; aquella educación moral y religiosa que deben dar los padres a los hijos con el ejemplo aun más que con las palabras y sin la cual poco vale la educación literaria de los establecimientos públicos, por más recomendables que sean.

Los diez primeros años de su vida los pasó vegetando en un absoluto abandono, hasta que llegó la hora sazonada de la enseñanza. En el entretanto, travesear, pasear, pegarles a los negritos de la casa, comer y dormir cuando se le antojaba, fueron sus cotidianas ocupaciones en aquel tiempo perdido. Los padres le miraban y le adoraban como a un ídolo y se guardaban muy bien de contradecir en nada su voluntad, que se hizo la de un déspota, temerosos de que le diese algún ataque de alferecía y se malograran sus únicas esperanzas.

—Mamá —decía algunas veces el niño Fernando—, yo quiero que Julián se ponga de caballito para montar.

—Julián —gritaba la señora, y venía corriendo un negrito que tendría dos o tres años menos que el antojadizo.

—Ponte en cuatro pies para que monte el niño.

Julián se ponía como le mandaban y el niño se ahorcajaba bruscamente sobre las espaldas del infeliz y le pegaba con los calcaños tan fuertes golpes en el estómago que lo hacía hipar, y aún llorar muchas veces.

—Mamá, yo quiero pegarle a Julián con el chucho —decía otras veces el niño Fernando.

—No, hijito, porque no ha dado motivo para sobarlo.

—Pues yo quiero.

Y se empeñaba de tal modo el terco y brutal muchacho, llorando y tirándose por el suelo, que la madre, siempre temerosa de una alferecía, llamaba a Julián y le mandaba ponerse de rodillas para que el hijo de sus entrañas le diese latigazos a su gusto, los cuales no dejaban de hacer cosquillas a Julián, pues su amito contaba ya los diez años cumplidos.

Por estos dos ejemplos se comprenderá, sin trabajo, cuál fue la crianza que se dio al niño Fernando en la casa paterna.

Llegada la hora del colegio, que en el entender de los padres fue a los catorce años, se le puso en el que don Antonio creyó el mejor, no por la reputación literaria del estableci-miento, sino por la buena mesa y la buena cama para los pu-pilos. Este punto era el principal en el concepto de la señora; a quien costó una pesadumbre la separación de su hijo, que fue colocado en uno de los colegios de La Habana, bajo la férula y dirección de don Pánfilo Bobadilla.

Corrió un año, y en los exámenes de la navidad se presentó el niño Fernando, ricamente vestido, a examinarse en lec-tura, escritura y doctrina cristiana, únicas cosas que había aprendido malamente en once meses. El padre, que asistió al acto público, creyó ver en su hijo un portento de precocidad intelectual, cuando le oyó leer, aunque no de corrido, en la Historia de España del padre Duquesne, y cuando vio la pla-na que dos días antes de los exámenes se la habían dibujado con lápiz, para que él la llenase después con tinta. Sin embar-go, se le puso la medalla de oro en premio de su habilidad y adelanto, y en consideración a los altos respetos de todo un don Antonio Malpica y Lozano, rico y noble habanero.

No obstante esta preferencia indebida que se le dio en los exámenes, y que se le daba en otras muchas cosas con agra-vio de los demás condiscípulos, al niño Fernando, acostum-brado a la holgura y mimo de su casa, no le era nada gustoso el encierro y sujeción del colegio.

Para salir de él pretextaba con frecuencia enfermedades; y otras veces escribía carticas a su madre diciéndole que lo maltrataban los maestros y que lo tenían muerto de nece-sidad. Doña Concepción se inclinaba más a creer que a no creer las mentiras que le escribía su hijo, y determinó, por último, ponerlo en otro establecimiento; pero como esta mu-danza no era lo que quería el niño Fernando, sino la libertad de su casa, pronto volvieron las fingidas enfermedades y nuevas carticas que producían, al fin, en el ánimo de su madre, no lo que él deseaba, sino que lo trasladasen a otro colegio.

De éste modo recorrió casi todos los que había en La Habana, atrasándose, por consiguiente, en lo poquísimo que aprendía, y adquiriendo nuevas mañas y nuevos vicios en cada establecimiento donde entraba. Al cabo de los ocho años, y teniendo ya don Fernando veintidós cumplidos, creyó doña Concepción que era tiempo bastante para haberse educado cumplidamente, y le dijo a don Antonio que sería menester ir pensando en darle alguna carrera correspondiente a su clase.

—No hay más carrera que darle —contestó don Antonio— sino que venga a su casa para que aprenda a manejar el ingenio y a tratar con las gentes.

Sacósele, en efecto, del colegio, con harto placer suyo, y cuando el joven don Fernando estuvo en su completa libertad, sabiendo apenas escribir, leer, algunas cuentas, farfullar el francés y tirar el florete, quiso aprender la equitación. Comprósele al efecto un hermoso caballo moro donde lucía, de tarde en el paseo y en las calles de la ciudad, su nada gentil ni gallarda persona, como no la tenía, corriendo unas veces a toda brida como un bárbaro y otras pompeándose muy despacio en medio de las dos hileras de carruajes que forman el paseo, para llamar principalmente la atención de las damas.

También se le compró su quitrín y su calesero y se le equipó de todas las demás menudencias que quiso, como fue de un magnífico reloj de Breguet; de un solitario para el pecho y de otro para la mano; de su caña de indias con la cifra de su nombre y apellido en el puño de oro; y del dinero que pudiera necesitar para sus caprichos o comprometimientos de honor.

Por último, se le beneficiaron en Madrid dos galones y la cruz chica de Isabel La Católica, y se le incorporó en la milicia de caballería rural, conocidos sus soldados y oficiales, entre nosotros, con el apodo de «los malojeros».

Concurría al teatro y a la sociedad filarmónica donde jugaba la guerra a onza de oro, habiendo alcanzado la reputación de ser uno de los primeros tacos de la aristocracia. En el monte era uno de los apuntes fuertes y temibles por haber desbancado dos veces la partida en la célebre reunión del marqués de Casanueva.

Decir que daba grima y bochorno el oír hablar a don Fernando, fuera decir lo que todo el mundo sabe de estos mozos iguales a él y de que está llena La Habana, muy pagados de su riqueza y su apellido, que fue de porquerizos y patanes en España, y entre nosotros, merced a los bienes de fortuna, de marqueses y condes, ajustados y comprados los títulos en Madrid, como pública mercancía del gobierno.

Pero en lo que sí sobresalía don Fernando, porque ya era tiempo de que diese las pruebas, era en la corrupción de sus costumbres. Además del vicio de jugador, que lo aprendió en su propia casa donde había con frecuencia brillantes reuniones de señoras y caballeros, tenía el de libertino con toda clase de mujeres. Para dar una muestra de esta corrupción de don Fernando, conviene que volvamos atrás y contemos a nuestros lectores lo que pasaba con Petrona y su hija Rosalía.

II

Nació esta pobre niña, o esta mulatica, sobre une tarima rasa en el bohío destinado a Petrona. Aquí se crió envuelta en andrajos asquerosos y mal alimentada, pero se crió sana y con cierta robustez natural. Una gracia particular a las de su clase se advirtió en ella a los seis años, principalmente en sus ojos negros y largas pestañas llenos de una viveza seductora que nunca pudo amortiguar, mientras vivió, el peso de la servidumbre y los trabajos. La mayorala, lastimada de su suerte y viéndola tan propia para el servicio de la mano, se la llevó a su casa en el mismo ingenio y la cuidaba y la quería como si fuese su hija, siéndole imposible a Petrona, no ya tener ninguna de aquellas indefinibles satisfacciones de la maternidad, pero ni aún oírla ni verla en muchos días. Quizás la mayorala no fuera tan compasiva y racional con ella si hubiese sido esclava suya.

Doña Concepción y don Antonio, en los viajes que daban al ingenio en la época de la molienda, habían advertido ya la gracia de Rosalía; y la señora, prendada de ella, como de un dije de adorno propio para su casa de La Habana, resolvió llevarla consigo en uno de los retornos. Cuando llegó este caso, se figuró Petrona que ella también iría con su hija, como le parecía natural y justo en su entender. Con esta idea se recreaba interiormente y llegó a tal punto su credulidad muy disculpable, que hablaba ya con Rosalía del viaje, y de La Habana, relatándole todo lo que había de ver y admirar en esta ciudad; sus muchas casas, sus iglesias, su mucha gente, sus muchos carruajes.

La pobre Petrona hacía malísimas cuentas, porque la voluntad de la señora no era lo que ella imaginaba con tanta candidez, sino el de llevarse únicamente a Rosalía, sin que entrase, no en su pensamiento sino en su corazón, el considerar que cometía una injusticia o una maldad al separar, por puro capricho vanidoso de ama, una hija del lado de su madre.

Sorprendida Petrona con esta novedad cruel, sintió vivamente que le arrancasen la suya, único consuelo que tenía en aquel presidio los domingos o en los breves momentos de descanso. Sentía, además, quedarse en el ingenio, que detestaba con toda su alma; y, llena de estas ideas que le traían en perpetua congoja, buscó una ocasión favorable para hablar a don Antonio antes que partiese la familia para La Habana. Encontrólo, en efecto, a las cinco de la tarde de aquel día (víspera del viaje) en una guardarraya montado a caballo y, arrodillándose delante de él, le dijo con una voz triste y humilde:

—Mi amo, por el amor de Dios, lléveme su merced con Rosalía a La Habana; dígale su merced a la señora que ya estoy bastante castigada con trece años que llevo aquí de trabajos y penas. Míreme su merced las espaldas como las tengo; mire su merced mis pies y mis manos; estas manos que han cosido ropa para su merced, para el niño Fernandito y para la señora. Su merced sabe que yo...

—Basta —le interrumpió don Antonio, adivinando lo que iba a decir—, ve a donde está tu ama y hazle presente eso mismo, yo doy por bien hecho lo que ella disponga en el particular.

—Pero, mi amo, si mandando su merced que yo vaya con Rosalía la señora no dirá nada.

—Te parece a ti que no dirá —le contestó don Antonio—; la señora tiene un genio muy fuerte, como tú sabes, y yo no quiero tragedias. Ve tú y háblale y se hará lo que ella disponga.

Diciendo esto echó a andar el caballo al apremio de las espuelas, y la infeliz Petrona se quedó inmóvil y llorando sus desdichas, fijos los ojos en su amo que se alejaba, y no pensando en hacer lo que le había prevenido, pues conocía sobrado bien el carácter imperioso y poco condescendiente de doña Concepción.

—¡Ah!, qué hombre, Dios mío —exclamó Petrona, y siguió andando por la guardarraya con el corazón desesperado.

Al siguiente día salieron del ingenio dos trios con toda la familia para La Habana, llevándose a Rosalía, la cual no pudo menos de llorar la separación de su madre, de la que le fue imposible despedirse por hallarse trabajando en el campo muy distante de la casa de vivienda.

—Pablo —dijo Rosalía a uno de los esclavos de la finca, ya montada en una mula—, hazme el favor de decirle a mamá que me voy y que adiós y que no se olvide de mí.

Lacónica y singular despedida; pero tan natural como tierna y afectuosa en la boca de una muchacha, atendidas las circunstancias de su poca edad y triste condición. También sentía dejar la mayorala, que la había criado, y a sus compañeros de servidumbre, con quienes había vivido y sufrido desde que vio la luz en aquella mansión de sangre y de muerte. Iba, pues, por el camino de La Habana con el natural disgusto de quien abandona su patria, que era para ella el ingenio Santa Lucía, y tantos otros objetos queridos a su corazón.

Llegados al fin a la capital, la señora dispuso al siguiente día comprarle ropa y zapatos, pero ropa fina si se compara con el saco de rusia que traía puesto Rosalía desde el ingenio y que era su vestido de costumbre. Provisionalmente le hizo poner un camisón de platilla y un túnico de listado que le compró hechos, y le puso, además, unas argollas de oro, sus zapatos de mahón pintado y un pañuelito de gasa amarilla de su propio uso, que tenía guardado entre los desechos de su ropa.

Ataviada de esta manera, Rosalía pareció mucho más interesante de lo que era con sus cañamazos; y la señora misma, sin embargo de su adusto carácter para con los esclavos y gente de color, se sonrió un momento, cuidando que no lo advirtiese Rosalía, al ver su agraciado semblante, sus hermosos ojos, y su gallardo cuerpo.

Ninguna coquetería ni desenvoltura en sus movimientos fáciles y seductores. Rosalía ignoraba estas artes de la corrupción y del ejemplo de la sociedad; todo en ella era obra de la naturaleza, y si para algo puso el hombre su mano en esta obra, no fue seguramente para embellecerla y perfeccionarla, sino para degradarla y destruirla; la mano ruda de un amo, o de un mayoral, no es mano de un pedagogo o de un mentor.

No hay para qué decir que todo cuanto rodeaba a Rosalía era un objeto de sorpresa y curiosidad para sus sentidos, acostumbrada, desde que nació hasta el momento en que la sacaron del ingenio, a ver solamente dilatados cañaverales, bueyes, mulas y negros desnudos y todo cuanto encerraban las cercas de la finca. Esta nueva situación en que se encontraba, produjo en su espíritu juvenil un placer inexplicable, comparándola con la vida que había llevado, trece años en el ingenio Santa Lucía.

Mas este mismo placer, tan natural, le traía, como una consecuencia necesaria, el triste recuerdo de su madre, las desdichas y trabajos que estaba sufriendo, y este melancólico recuerdo le oprimía fuertemente el corazón y sus ojos se llenaban de lágrimas; quisiera Rosalía que su madre participase de lo que ella, con todo el candor de la inocencia y la ignorancia, llamaba su felicidad.

—Pobre mamá —decía algunas veces en la cocina a los otros esclavos después de quitada la mesa—. Yo comiendo aquí tantas cosas buenas y tan descansada, y ella comiendo en el ingenio a toda prisa un pedazo de tasajo brujo, y un poco de funche en una jícara; quién pudiera mandarle ahora este platico de carne compuesta, para que se lo comiera a mi nombre.

—Que aguante —le dijo otro esclavo—, esa es su suerte, quién la mandó ser enamorada.

—Bueno —contestó Rosalía—, bastante aguanta la pobre; pero yo bien sé que a mamá la engañaron.

—¿Y para qué fue boba que se dejó engañar? —le replicó el mismo esclavo.

—Porque la pobre es esclava como tú y yo, y cogió miedo que la castigaran.

—¿Y a quién le cogió miedo? ¿A tu padre sería? ¿Y quién es tu padre? —le preguntaron a un tiempo varios esclavos con cierta curiosidad.

—Yo no sé nada —contestó Rosalía, y guardó un profundo silencio sobre la materia.

Disfrutando, pues, de sus ilusiones pasaron dos años, en los cuales aprendió a coser desde el género más gordo hasta el holán batista, sin que le hubiese costado a la señora ningún trabajo enseñarla. En este tiempo se hizo una cumplida costurera aprendiendo a cortar para hombre y mujer y otros primores de la aguja. El mismo oficio parece que la hizo aseada y cuidadosa en extremo hasta rayar con cierta presunción. Trenzado su pelo (que se lo hizo crecer con el permiso de la señora) como se lo trenzan las de su color, resaltaba infinito el donaire de su cara y sus ojos. Y mucho más interesante se hacía cuando se sentaba en su banquetica de coser muy limpia y modesta al lado, de su ama que le daba labor, y donde permanecía hasta que iba a ocuparse en el servicio de la mesa. Aquí era vista de las personas que visitaban la casa y todos fijaban los ojos en Rosalía involuntariamente, sin atreverse ella a levantar los suyos para ver a nadie.

El truhán de don Fernando, poco respetuoso con su madre, y poco mirado en lo que se debía a sí mismo, como amo, y a Rosalía como esclava suya, se propasaba con frecuencia a cogerle la cara y a decirle bestialmente palabras de requiebro o indecencias. Advirtiéndolo una vez doña Concepción, que estaba cosiendo en la sala con Rosalía, no pudo menos de reprenderlo, pero de reprenderlo a su manera, tal vez esta señora temía que a don Fernando, con los veinticuatro años de edad, le diese la alferecía.

—¿Qué acciones son ésas, Fernandito? —le dijo, al reparar sus libertades con la criada.

—Supongo que su merced irá esta noche a la ópera —preguntó a su madre.

—No lo sé todavía.

—Pues yo no la pierdo —y al decir esto se acostaba, no se sentaba, en una poltrona—. Elisa y Claudio es mi ópera favorita, aquella conclusión de la Pedrotti del último acto es divina, es matona.

Y se ponía él, con su voz desentonada y desabrida, a cantarla, y luego a silbarla y nunca le salía bien porque tenía el oído cómo una tapia. Mientras cantaba, le daba vueltas a un junquito que tenía en la mano y, en una de las vueltas, se le cayó cerca de los pies.

—Mulata —dijo a Rosalía—, cógeme este palito.

La criada se levantó y cogió el junquito, y al entregárselo, repitió don Fernando la indecencia de cogerle la cara, Rosalía se retiró avergonzada y se volvió a su lugar.

—Vaya que las has cogido con la mulata —le dijo doña Concepción algo incómoda.

—Y esta perra estará muy creída que es bonita —le interrumpió don Fernando, dirigiéndose a la criada—; pues no lo creas, porque no lo eres.

—Ya empiezas con tus boberías —le dijo doña Concepción—. Mejor será que te vayas a afeitar, que estás muy barbudo.

—Si tengo una galvana —echando la pierna derecha sobre el brazo de la poltrona—, que daría cualquier cosa porque me afeitasen aquí mismo, así como estoy.

—Pues manda a buscar un barbero.

—Es que yo quisiera que me afeitasen sin moverme de aquí, sin mojarme la cara, sin sentirlo.

—Pues, hijo, ésas son muchas cotufas.

A este tiempo, que sería la una de la tarde, entraron en la sala don Antonio con don Lucas González, médico de la familia, el doctor Pastrana, canónigo racionero, y el marqués de Casanueva.

—Conchita, a los pies de usted —dijo éste.

—Señor marqués, bienvenido; bienvenido, caballeros —dijo a los otros—. Siéntense ustedes.

—¿Conque anoche estuvo usted feliz? —preguntó el marqués a doña Concepción.

—Vaya por la sal de antenoche.

—Guájete por guájete. ¿Y cuánta fue la ganancia limpia?

—Cuarenta onzas.

—Pues yo salí en paz —dijo don Fernando—, contando con las cuatro onzas de la carañuela, que me hizo Teresita.

—¿Quién? ¿La hija del coronel Rivas? —preguntó el marqués.

—La misma que viste y calza.

—Qué acción tan fea.

—Amigo —dijo la señora—, qué quiere usted, eso consiste en que no hay educación. Estaría cuando menos arrancada su madre, y se valió de la confianza que tiene con Fernando para cogerle las cuatro onzas.

—Buen provecho le hagan a la pobre —dijo éste, levantándose para irse a afeitar.

—En la mesa de juego —añadió el doctor Pastrana—, es donde se conocen las personas que tienen principios, es regla que no falla.

—Pues mire usted —repuso doña Concepción—; Teresita es una muchacha por otra parte muy apreciable, pero no hay cosa más tentadora que el dinero.

—Hablando de otra cosa —interrumpió don Antonio la conversación de la carañuela, y dirigiéndose al marqués—, ¿sabe usted, camarada, que Santa Lucía está haciendo un blanco brillante de primera calidad? Cosa superior. Solo siento que me falta tiempo para moler toda la caña que tengo en el campo. Pues, camarada, la paila me deja este año sus dos mil cajitas limpias de polvo y paja; el año que viene me parece que salgo de deudas.

—¿Y a cómo están los negros? —preguntó doña Concepción.

—Las piezas, a 24 onzas y los muleques a 18 —contestó el marqués—. Yo he comprado 20 macúaes en la misma playa, hermosísimos negros.

—Yo, por ahora —dijo don Antonio—, no puedo comprar ninguno, sin embargo de que me hacen bastante falta, pues tengo en la enfermería 30 de los mejores, con llagas y bubas; los demás son negros matungos.

—Le Roy con ellos —dijo don Lucas—, para los negros, Le Roy, está visto.

—Usted, don Lucas —le dijo el canónigo Pastrana—, todo lo quiere componer con el Le Roy, y el Le Roy lo que ha hecho ha sido matar mucha gente.

—Distingo —contestó don Lucas—. Si no se sigue puntualmente el método curativo del autor, convengo en lo que usted dice, pero si se sigue al pie de la letra, el Le Roy es una medicina admirable.

—En fin, de nuestros enemigos, los menos —repuso el canónigo—. Si Le Roy ha de matar, que sea a los totíes y no a nosotros.

—Poco a poco, camarada – dijo don Antonio—, que esos totíes hacen falta para hacer azúcar.

—Ya me hago cargo —continuó el canónigo—, pero, dígame usted, entre Fernandito y un negro de Santa Lucía, ¿a quién daría usted el Le Roy sin escrúpulo de conciencia?

—Yo, al negro —contestó don Antonio.

Al llegar aquí, entró una esclava en la sala, y dijo a la señora que ya estaba la sopa en la mesa.

—Santa palabra —contestó doña Concepción. Y todos se levantaron y se dirigieron al comedor donde les esperaba don Fernando.

Acabada la comida como a las cinco de la tarde, se quedaron de sobremesa tomando unas copitas de Jerez y charlando por los codos, ellos y dos amigos más que habían venido a tomar el café. Don Fernando que estaba sobremanera alegre y hablador, propuso una manigua de a doblón el apunte.

—Excelente idea —dijeron a un tiempo don Antonio y el marqués, y se trajeron las barajas y el paño verde de costumbre para poner sobre la mesa.

Tallaban los dos referidos con un fondo que puso el primero de veinte onzas. La suerte estuvo equilibrada al principio entre los apuntes y el banco, y todos, por esta circunstancia, se mantenían de buen humor. Al cabo de una hora, se levantó don Fernando, como si le hubiese ocurrido alguna cosa que hacer en su cuarto, y llamó a Rosalía fingiendo tener necesidad de su servicio. Fue la criada inmediatamente y, luego que estuvo dentro del cuarto de su amo, le dijo éste:

—Mira, ¿tú quieres a Petrona?

—Sí señor.

—¿Y quieres verla?

—Sí señor.

—¿Y tú quieres a tu amo?

—Sí señor.

—Pues bien, yo voy a tratar de que venga tu madre a La Habana. En diciéndoselo yo a mamita, basta. Ya tú sabes que ella hace todo cuanto yo quiero... conque así.

—Dios se lo pague a su merced, niño.

—Pero es menester que me quieras, ¿ya lo oyes?

—Sí señor, yo quiero a su merced mucho.

—Pues escucha...

—Niño... yo no, señor... yo no —tratando de salir del cuarto.

Advirtiéndolo don Fernando, la cogió por el brazo con violencia y le dijo:

—Mira, como te andes con chiquitas, le digo a la señora que te mande al ingenio.

—Pero, niño, ¿por qué?, yo soy una pobre esclava.

—Pero, ven acá, mentecata, ¿qué te va a suceder? ¿Te voy yo acaso a matar?

—Yo no, niño Fernando —y echó a correr para fuera dirigiéndose a la cocina.

Don Fernando se quedó irritadísimo con esta conducta de una esclava suya, y, por lo mismo; se empeñó fuertemente en llevar a cabo su criminal idea. Tranquilizado un poco, volvió a la mesa de juego, donde encontró dos jugadores más que habían entrado durante su ausencia. El apunte, que se había estipulado a doblón, era ya de cuatro y seis onzas; todos eran enemigos en aquel momento, y todos estaban sofocados y encendidas las caras, no solo por el calor del tiempo y estar apiñados alrededor de la mesa, sino por las copitas de Jerez y champaña que se menudeaban, teniendo las botellas a la mano sobre un soberbio aparador. Serían las siete de la noche.

—Que traigan velas —dijo don Antonio.

—Sí —añadió su mujer—, y que vayan a buscar helados, que estoy derretida; ¡vaya un calor!

Don Fernando, que había hecho ya ciertas cuentas, se valió de esta expresión de su madre, y dijo en alta voz a los jugadores:

—Señores, a la ópera, a la Alameda de Paula, que aquí nos abrasamos de calor.

—Sí, si —dijeron los que ganaban—, a la ópera, a la Alameda.

Y, tomando sus sombreros, se fueron despidiendo de doña Concepción y don Antonio.

Los que habían perdido, maldijeron de don Fernando y su ópera; pero no tuvieron otro recurso que conformarse con lo dispuesto por la mayoría, que fue la afortunada en aquella sesión.

A las ocho de la noche, la casa toda quedó en profundo silencio. Don Antonio y doña Concepción habían ido al teatro en su quitrín y don Fernando en el suyo. Como a las nueve, regresó éste a su casa, no esperando por aquella vez el final del último acto de la ópera, que tanto le gustaba, según decía. Entra en su cuarto y llama a Rosalía para que le lleve luz. La criada fue a servicio pero llena de miedo, temerosa de que se repitiese la escena de poco antes.

—Oye —le dijo don Fernando, luego que puso la luz sobre la mesa—: esta tarde me has incomodado con tu falta de respeto, y esto no es regular. Lo dicho, dicho; y además, aquí tienes un doblón de a cuatro para que te compres un túnico.

La situación en que se vio Petrona catorce años antes fue la misma en que se vio su hija después, y el mismo el resultado que tuvo, como veremos al fin de nuestro cuento.

Consumada la iniquidad, esperaba Rosalía que don Fernando le cumpliese la palabra de interceder por su madre, como se lo había prometido, y la idea de verla y abrazarla le aliviaba del peso que constantemente le oprimía el corazón.

—Niño Fernando —le dijo un día (y eran ya corridos tres meses)—: ¿cuándo le habla su merced a la señora para que venga mamá del ingenio?

—Un día de estos —le respondió con desprecio don Fernando. Y nunca le habló ni pensó en ello.

No era posible que Rosalía ocultase su falta a los ojos perspicaces de la señora, estando constantemente s su lado. Muy pronto, en efecto, la advirtió, y fue para ella causa de un insulto que le arrebató toda la sangre a la cabeza. Faltas de esta clase las castigaba con el mayor rigor, según hemos visto con Petrona, más no era este rigor efecto de una virtud inflexible, como pudiera creer alguno, sino de una triste comparación que hacía la señora Concepción de su propia esterilidad con la fecundidad de sus esclavas. Doña Concepción había tenido un hijo nada más a los siete años de casada, y este hijo era don Fernando, mas, como veremos más adelante, el placer de la maternidad se lo proporcionó, y en esto hay un misterio, su casamiento con don Antonio.

Airada, pues, con Rosalía, desde el momento que sospechó su embarazo, resolvió averiguarlo de un modo satisfactorio, por los medios violentos que le sugerían su autoridad y su poder, y no por los medios suaves de la prudencia. Al siguiente día por la mañana muy temprano, llamó a Rosalía, y se fue con ella a un cuarto retirado de la casa, donde se encerraron las dos; excusado es decir el vuelco que le dio el corazón a la esclava y el temblor que se apoderó de todo su cuerpo con esta novedad.

—Desnúdate —le dijo la señora, armada de un látigo.

—Mi señora, por el amor de Dios —le dijo Rosalía puesta de rodillas—, no me castigue su merced.

—Desnúdate, te he dicho, si no quieres que llame a Lorenzo para que te amarre en el horcón de allá abajo y te pele viva con la cuarta. ¡Desnúdate!

Rosalía, temblando y llorando en silencio, se empezó a desnudar hasta quedar enteramente como quería su ama.

—Dime —le preguntó entonces doña Concepción—, quién te ha hecho esa barriga.

—Mi señora yo pobre de mí...

Esta vacilación tan natural, irritando a la señora que quería saberlo en el acto sin guardarle fueros al pudor, le hizo levantar el brazo y descargarle, sobre la misma barriga y sobre la cara, horrorosos y crueles latigazos que hacían poner en el cielo los gritos de la víctima.

—¿Quién te ha hecho esa barriga? —le preguntó nuevamente el ama, dejando descansar el brazo y fatigada sobremanera.

—Yo se lo diré a su merced, mi señora; pero no me pegue su merced más; perdóneme su merced.

—Vamos, di, ¿quién te ha hecho esa barriga?

—Yo se lo diré a su merced... Pobre de mí... Dios mío... yo me resistí, mi señora... pero el niño Fernando...

—¡Ah, infame! —le interrumpió doña Concepción—. ¿Con tu amo?

Y volviendo a levantar el látigo con mayor brío, le dio tanto y tan ciegamente furiosa, que todo el cuerpo de la esclava estaba ensangrentado y lleno de verdugones. Cansada de castigarla, abrió la puerta y mandó a otra esclava que inmediatamente le cortase los moños hasta dejarla bien rapada, y le quitó los zapatos y el túnico, dejándola solo con el camisón. Acto continuo dispuso que la encerrasen en un cuarto de abajo inmediato a la caballeriza, y que le pusiesen una tarima para dormir.

En este calabozo la dejaremos por ahora, para referir sucesos de otra naturaleza que sobrevinieron en la casa después del castigo.

Duró éste un cuarto de hora, y serían como las ocho de la mañana, cuando doña Concepción volvió a su aposento de recogerse, y encontró roncando a su marido. Acercóse a la cama para despertarlo y volvió a salir a la sala, donde se sentó a descansar del violento ejercicio en que había estado, y a esperar una taza de café. Salió igualmente don Fernando de su cuarto, y llamó a Rosalía para que le trajese también café. Su madre, a quien él suponía durmiendo, le gritó desde la sala y le dijo que la mulata estaba ocupada. Don Fernando extrañó la voz de su madre a tales horas, y se dirigió a donde estaba y, sin preceder los buenos días ni la bendición, le dijo con cierta sorpresa viéndola levantada tan temprano:

—¿Qué significa este madrugón?

—Nada —le respondió la señora con la cara muy seria.

Advirtiéndolo don Fernando:

—¿Qué tiene su merced? —le preguntó con cierta curiosidad, sentándose a su lado.

—Nada.

—Como la veo a su merced tan seria.

—Motivos tengo para estarlo y para estar, sobre todo, muy incómoda con un hijo que yo creía que tuviese vergüenza.

—¿Y qué es lo que yo he hecho?

—Nada. Parece que te gustan las negras.

—¿A mí?

—Sí, a ti; y si no que lo diga Rosalía, bien temprano te has levantado a pedirle café.

—¿Y qué tiene eso de particular?

—Nada tiene de particular, pero sí tiene mucho de particular que un joven que se llama un caballero, un joven de tu clase, tenga hijos con una esclava suya, con una mulata, que es lo peor de la desvergüenza.

—¿Quién, yo?

—Tú, pues quién iba a ser, cuando ella misma lo ha confesado.

—¿Quién, Rosalía?

—Rosalía, sí señor; ah, pero así la ha llevado de mi mano.

Don Fernando, riéndose, le dijo:

—Pero, mamita, esas son cosas de los hombres que no las podemos remediar, cosas que por más que uno hace para evitarlas, al fin se cae en el lazo... y luego... ya se ve, le sale a uno a la cara, y...

—Quítate, sinvergüenza...; pero no tengas cuidado, que la mulata ha de morir en Santa Lucía; te lo juro por quien soy —le dijo la señora, bastante incómoda.

—Eso mismo era lo que yo iba a proponer a su merced, y con eso quedaba todo remediado: mandarla al ingenio, sin necesidad de que papá sepa nada de lo que ha ocurrido.

A todas éstas, don Antonio no salía del aposento, y doña Concepción suponía que se había quedado roncando. Fue, pues, al cuarto dormitorio para volverle a despertar y le encontró sentado en una silla y pernetas, quejándose de un dolor en la garganta.

—¿Qué tienes? —le preguntó su mujer.

—Un fuerte dolor de garganta que no me deja ni tragar la saliva.

—Pues, acuéstate otra vez —añadió doña Concepción— y llamaremos a don Lucas.

Con efecto, don Antonio fue atacado violentamente de anginas en aquella mañana, y el médico le dispuso, entre otras cosas, la píldora de Ugarte y una docena de sanguijuelas. A las cinco de la tarde había crecido la fiebre y el enfermo apenas podía hablar, la noche fue angustiosa y don Fernando y su madre y todos los criados de la casa la pasaron en vela.

Al siguiente día hubo junta de facultativos, y todos declararon que don Antonio estaba de mucha gravedad y que debía disponerse. Nuevos remedios se le aplicaban de hora en hora, y la enfermedad, en lugar de ceder, le aumentaba visiblemente. En tales circunstancias, dispuso doña Concepción que su marido hiciese testamento y se le administrase, y ambas cosas se verificaron, al tercer día.

Al cuarto hubo un alivio momentáneo; y todos concibieron esperanzas; mas esta retirada de la gravedad del mal fue una retirada engañosa, pues al quinto día por la mañana acometió al paciente con tal furia, que a las dos de la tarde entregó su alma al criador. Apenas se supo la noticia en la casa, era de verse la multitud de esclavos de ambos sexos que corría a ver el cadáver de don Antonio, dando gritos agudos en muestra de dolor y sentimiento, como si aquellos miserables hubiesen perdido un bienhechor o un padre, lo cual no era cierto. Hipocresía de esclavos que cumplían con la obligación en aquel momento de gemir o gritar, porque el caso lo demandaba, así como hubieran reído en el caso contrario o en el mismo que acabamos de referir, si se les hubiese exigido.

A las ocho de la noche ya estaba don Antonio de cuerpo presente en una magnífica tumba que se levantó en la sala, rodeada de lucientes blandones. La concurrencia de las personas de amistad al velorio fue numerosa y brillante y cualquiera diría, si no viese un hombre muerto en la sala, que se trataba de alguna boda o de un sarao. Insensiblemente se formó un estrado, en el espacioso comedor de la entrada, de señoras y caballeros donde discurrían sobre diferentes materias en voz baja; resultando de estas medias voces reunidas una especie de zumbido desapacible, no mal comparado tal vez al que forman un millón de moscas engolosinadas en el cadáver de algún animal muerto. Doña Concepción y don Fernando estaban en un cuarto retirado con el marqués de Casanueva y el canónigo Pastrana, y dos señoras amigas íntimas de la primera. Todos estaban callados y mustios, cruzados los brazos diciéndose de vez en cuando algunos monosílabos.

A las diez de la noche se sirvió cerveza y cidra y se chiflaron algunas docenas de botellas los aficionados y aficionadas. Mientras que se disponía la cena, que fue a las doce de la noche, hubo casos de galantería, murmuraciones de doña Concepción y su difunto marido que aún no se había enterrado; disputas sobre la ópera italiana, disputas sobre la inmortalidad del alma, considerando algunos con ojos irreligiosos al muerto que estaba presente como una mera máquina que se había desorganizado; y otros como la morada que fue de un espíritu que volvió al seno de la eternidad. Así pasaron las dos horas que faltaban para la cena, la cual fue abundante y espléndida y a satisfacción de algunos gastrónomos que había entre los concurrentes.

—Qué hombre hemos perdido en don Antonio —decía uno de estos a otro compañero que tenía a su lado, y empezó a devorar.

—Lo que es la vida —añadió el compañero—; unos al hoyo y otros a las tajadas. Mañana seguiremos nosotros a nuestro amigo, y otros se festejarán a nuestra costa.

—Deje usted ahora de esas consideraciones melancólicas que no son del momento, y vamos pensando en la que tenemos delante, de esta vida no se saca otra cosa sino los buenos bocados.

—Y sabe usted, camarada, que nuestro don Antonio no se trataba mal en cuanto a la bucólica.

—Por supuesto que no, ya se ve; tenía talento y gusto, y se regalaba como a cuerpo de rey, el pobre; Dios le haya perdonado.

—Caballeros —dijo a este tiempo un tercero, interrumpiendo la conversación de los dos gastrónomos— ¿y el marqués de Casanueva, por qué no habrá venido a la mesa?

—Estará consolando a mi señora doña Concepción —contestó otro concurrente con cierta sonrisa maliciosa.

—O estará desganado tal vez del sentimiento —añadió un gastrónomo con la misma ironía— porque él apreciaba sobremanera el difunto...

—Caridad, caballeros, caridad, que todavía el hombre está tendido en la sala —interrumpió uno de los que escuchaba, comprendiendo toda la malicia de la conversación.

A la una y media se concluyó la cena y muchos se quedaron charlando de sobremesa de diferentes asuntos; otros se volvieron al corredor donde durmieron y roncaron hasta el día, recostados en taburetes o en poltronas; y otros se paseaban de prisa para todas partes para hacer con más facilidad la digestión, según decían; éstos eran los gastrónomos.

A las nueve de la mañana siguiente se hizo el entierro o se hicieron los funerales en la iglesia de San Agustín, con toda, la solemnidad debida a tan distinguido personaje. Ya se supone que no faltó en los papeles públicos el correspondiente artículo necrológico escrito por el marqués de Casanueva, en el cual se dijo, como ley necesaria de todas las necrologías, que don Antonio Malpica y Lozano, además de su calificada nobleza y lealtad al rey, había sido un buen padre de familia, un tierno esposo, un fiel amigo, y un bondadoso amo; cumplido sujeto aparecía en todo el artículo el difunto.

Doña Concepción y don Fernando permanecieron una semana encerrados y tristes, como era natural; pero pasando días y viniendo días se calmó o se disipó enteramente su pena. A los dos meses no cumplidos ya no se hablaba de don Antonio, y solo se trató de él y como si dijéramos de oficio, cuando la viuda encargó a don Fernando de la administración de los bienes.

—Vamos, Fernandito —le dijo una mañana— ven a hacerte cargo de los papeles de tu padre, y a ponerlos en orden.

—Cuando su merced quiera —le contestó el hijo.

Enseguida pasaron al cuarto de escritorio de don Antonio donde abrió la viuda la papelera y empezaron los dos a sacar legajos de todos los tamaños, y a examinarlos uno por uno. Al cabo de media hora de escrutinio, reparó doña Concepción en el fondo de una gavetica un papel suelto y como arrinconado, y, sin que le moviese la curiosidad este papel más que los otros, lo cogió para ver lo que contenía y colocarlo en su lugar correspondiente, o romperlo si era inútil; mas, figúrese el lector cuál sería la sorpresa de la viuda cuando leyó la siguiente carta:

Señor don Antonio Malpica y Lozano.

Mi estimado amigo: según lo que usted me manifestó anoche en casa de nuestro canónigo, los 12 papelitos que dispuse para Petrona no han producido el efecto deseado. Pensaba llevarle a usted yo mismo otros más eficaces; pero estoy con un fuerte catarro que no me permite salir y se los remito con mi practicante, debiendo usted administráselos según las instrucciones que él le dará. Ojalá que usted logre lo que desea, y cuente amigo con no meterse en lo sucesivo con esclavas. Su fino amigo Q.S.M.B., Lcdo. Lucas González.

Un movimiento involuntario de ira y de celos sintió doña Concepción al acabar la lectura de esta carta; y reflexionando un poco en las cosas pasadas, se horrorizó de la criminal acción de don Fernando con Rosalía, hija ya declarada, como acabamos de ver, de don Antonio y de Petrona. Sin embargo, se tranquilizó sobre este punto, recordando con cierta satisfacción, menos por lo que disminuía el horror de aquella acción que por el desagravio de la infidelidad que había descubierto de su marido, que no era don Fernando hijo de don Antonio, sino del marqués de Casanueva.

—Yo estoy vengada —dijo para si, y guardó el papel.

Cometió, con efecto, el difunto Malpica, la debilidad o el delito de seducir y engañar a su propia esclava, y espantado con la idea de tener un hijo mulato, y que doña Concepción descubriese su infidelidad vergonzosa, discurrió inútilmente valerse de los medios criminales que hemos visto, explicados en la carta o en la receta de don Lucas.

Poseyéndola doña Concepción, le vino el pensamiento de sacar partido de ella empleándola para Rosalía, y ver si lograba libertar a don Fernando de tener un hijo de color, y ella un nieto; semejante idea le hacía estremecer de bochorno. Mas había la dificultad de que doña Concepción ignoraba qué clase de papelillos eran aquellos de que hablaba don Lucas en su carta. Para vencerla, discurrió con poca delicadeza hacia ella misma hablar en secreto al facultativo, y a este propósito, a los dos o tres días, le mandó un recado con un negro, diciéndole que tenía que hablarle con precisión. Don Lucas se presentó en el instante, y no habiendo a la sazón de su llegada visitas que estorbaran, la viuda lo hizo sentar a su lado y pasó entre los dos el diálogo siguiente.

Doña Concepción, sacando un papel de su ridículo:

—¿Conoce usted esta letra, don Lucas?

Don Lucas, calándose los anteojos y tomando la carta:\

—Con efecto, mi firma es. Pero, ¿qué carta es ésta? —y empezó a leerla con sorpresa.

—Vaya un don Antonio —exclamó al acabarla—. Señora, carta y firma todo es mío; pero éstas son flaquezas de los hombres, inevitables. Yo no pude prescindir de servir a un amigo en aquellas circunstancias; sobre todo, que era una esclava suya la que mediaba, y no creo por esta razón haber gravado mi conciencia, tratándose de salvar el comprometido honor de nuestro don Antonio.

Doña Concepción:

—Sea lo que usted dice, don Lucas, y dejemos en paz las cenizas de mi marido. Yo ahora lo que deseo, y para lo que he llamado a usted, es para que me haga el mismo servicio que pensó hacer entonces a Antonio, facilitándome lo que se dice en esta carta.

Don Lucas, mirando sorprendido a doña Concepción:

—¡Conchita...! ¿para quién?... ¿Será posible?

Doña Concepción, poniéndose algo colorada:

—Es usted muy malicioso, don Lucas.

Don Lucas:

—No señora, y usted debe hablarme con toda la franqueza de nuestra antigua amistad. Yo sé lo que son las pasiones y la natural fragilidad de las mujeres. ¿Y qué tiempo tendrá usted poco más o menos? Porque será preciso saber antes los meses corridos para arreglar la receta.

Doña Concepción:

—Vuelvo a repetir, don Lucas, que lleva usted sus malicias más allá de lo regular. No se trata aquí de lo que usted imagina, tal vez con fundamento, pero que no es eso. Trátase de otra persona indiferente, y si usted me quiere hacer el favor que le pido, se lo agradeceré; si usted no quiere acudiremos a otro facultativo.

—Nada de eso, Conchita, y cuente usted con lo que desea. Yo espero que usted me dispensará el juicio que formé al principio, con equivocación, en este asunto.

Diciendo esto don Lucas, se levantó y se despidió de doña Concepción, y al siguiente día, le trajo en persona lo que le había pedido y, además, una instrucción para su uso.

Pasemos ahora a Rosalía, que permaneció todo este tiempo en su calabozo, ya cicatrizadas las heridas del castigo que sufrió. En vano había querido varias veces interponer la influencia de don Fernando para ablandar el corazón de la señora y que la perdonase y volviese a su gracia.

—Lorenzo —le decía al calesero—: hazme el favor de decir al niño Fernando que le hable a la señora para que me perdone y me saque de aquí.

Lorenzo, movido a lástima, se lo decía con interés a su amo, pero éste, no acordándose que estaba Rosalía en la casa, pues no la veía, le contestaba con desprecio y hasta con enfado.

—Dile que está bien, que yo le hablaré.

Y en lo que menos pensaba era en dar este paso que pudiera parecer sospechoso a su madre y disgustarla; fuera de que él no sentía ninguna compasión para su víctima.

Una mañana temprano dispuso la señora que la trajeran a un cuarto de arriba, y la pusieron precisamente en aquel donde sufrió los azotes.

—¡Virgen santísima! —exclamó Rosalía—. ¿Si querrá la señora castigarme otra vez?

Mas no era esto lo que se preparaba a la infeliz, sino la prueba de la receta, la cual produjo el mismo efecto que en Petrona, es decir, que la naturaleza se burló entonces de la medicina como se burló antes, y que no se cometió un crimen que se había intentado dos veces.

Desengañada doña Concepción y adelantándose en meses Rosalía, dispuso que a la vuelta del arriero se marchase al ingenio; y así sucedió a los ocho días, sin que hubiesen bastado a impedirlos todos los ruegos y lágrimas de la esclava, dirigiéndose unas veces a don Fernando y otras a la señora, para moverlos a compasión.

Dieciocho años contaba aquélla cuando volvió a su presidio, a sus antiguos cañaverales, a su miserable bohío donde vio la luz. Aquí encontró a su madre postrada en una tarima cubierta de llagas y laceria, y ya exenta por inútil de todo trabajo de la finca. Luego que Rosalía la vio en esta situación, sus ojos se llenaron de lágrimas y, abrazándola y llorando las dos sus mutuas desdichas, le dijo Petrona advirtiéndola embarazada.

—¿Qué es esto, Rosalía?

—Mamá, no me pregunte nada, por el amor de Dios.

—Habrá sido capaz el amo con su misma hija...

—Mamá, lo que sucedió a usted, me ha sucedido a mí.

—¿Es posible? ¿Y ese hombre se llama cristiano, se llama caballero, se llama hombre blanco? ¿Después que ha hecho conmigo lo que ha hecho, se atreve a cometer un pecado como éste?

—Él no ha sido, mamá.

—Pues, ¿quién ha sido?

—El niño Fernando.

—¿Es posible? ¿Y la señora ha sabido que él fue?

—Yo se lo dije, porque me castigó para que se lo dijera y si no se lo digo me mata.

—¿Y el niño Fernando no te ha defendido, no te ha dado siquiera los 25 pesos para libertar a su hijo?

—Mamá, usted es muy buena. ¿El amo don Antonio la defendió a usted acaso, ni le dio los 25 pesos para libertarme a mí? Ni siquiera un doblón de a cuatro que me ofreció el niño Fernando para un túnico, lo han visto mis ojos.

—¡Qué hombres tan perversos! —exclamó Petrona—; si tienen el corazón como una piedra, Dios los perdone. Ten paciencia, Rosalía, y ofrécele tus trabajos al Señor. Lo que siento es que pronto me moriré y que te dejo en este condenado ingenio.

Así decía Petrona, llorando y abrazada con su hija.

—No llore, mamá —le contestaba Rosalía—, que yo sé sufrir trabajos, quien sabe si Dios quiere que me muera cuando vaya a parir.

Aquí llegaba el diálogo cuando se oyó el chasquido del látigo del mayoral junto al bohío, y el grito ronco de «mulata, sal para afuera». Rosalía salió temblando y llorando porque se figuraba que la iban a castigar, y el señol Pantaleón, notando su mucho miedo y timidez, se echó a reír a carcajadas y le dio dos fuertes cuerazos arreándola para el campo.

—Camina a trabajar, cachorra, y menea esas patas.

A los quince días murió Petrona, y a los tres meses Rosalía y su hijo de resultas del parto, en el mismo bohío de la primera.

Comunicadas estas noticias por el mayoral a doña Concepción y a su hijo:

—¡Paciencia —dijeron los dos—, se han perdido mil pesos!

Libros a la carta

A la carta es un servicio especializado para
empresas,
librerías,
bibliotecas,
editoriales
y centros de enseñanza;
y permite confeccionar libros que, por su formato y concepción, sirven a los propósitos más específicos de estas instituciones.

Las empresas nos encargan ediciones personalizadas para marketing editorial o para regalos institucionales. Y los interesados solicitan, a título personal, ediciones antiguas, o no disponibles en el mercado; y las acompañan con notas y comentarios críticos.

Las ediciones tienen como apoyo un libro de estilo con todo tipo de referencias sobre los criterios de tratamiento tipográfico aplicados a nuestros libros que puede ser consultado en Linkgua-ediciones.com.

Linkgua edita por encargo diferentes versiones de una misma obra con distintos tratamientos ortotipográficos (actualizaciones de carácter divulgativo de un clásico, o versiones estrictamente fieles a la edición original de referencia).

Este servicio de ediciones a la carta le permitirá, si usted se dedica a la enseñanza, tener una forma de hacer pública su interpretación de un texto y, sobre una versión digitalizada «base», usted podrá introducir interpretaciones del texto fuente. Es un tópico que los profesores denuncien en clase los desmanes de una edición, o vayan comentando errores de interpretación de un texto y esta es una solución útil a esa necesidad del mundo académico.

Asimismo publicamos de manera sistemática, en un mismo catálogo, tesis doctorales y actas de congresos académicos, que son distribuidas a través de nuestra Web.

El servicio de «libros a la carta» funciona de dos formas.

1. Tenemos un fondo de libros digitalizados que usted puede personalizar en tiradas de al menos cinco ejemplares. Estas personalizaciones pueden ser de todo tipo: añadir notas de clase para uso de un grupo de estudiantes, introducir logos corporativos para uso con fines de marketing empresarial, etc. etc.

2. Buscamos libros descatalogados de otras editoriales y los reeditamos en tiradas cortas a petición de un cliente.

ᴌᴋ

Printed in Poland
by Amazon Fulfillment
Poland Sp. z o.o., Wrocław

69305501R00030